Inhalt

Smalltalk - ein berufliches Erfolgskriterium

Kernthesen

Beitrag

Fallbeispiele

Weiterführende Literatur

Impressum

Smalltalk - ein berufliches Erfolgskriterium

I.Zeilhofer-Ficker

Kernthesen

- Die Basis für Erfolg oder Misserfolg einer Besprechung wird heute oft schon beim Gesprächsbeginn - dem Smalltalk - gelegt.
- Mit dem unverfänglichen, kleinen Gespräch soll eine positive Atmosphäre hergestellt, eine erste Einschätzung des Gegenübers vorgenommen und eine Beziehung aufgebaut werden.
- Fachliche Kompetenz vorausgesetzt, wird häufig derjenige Bewerber eine ausgeschriebene Stelle erhalten, der die Kunst des Smalltalks besser beherrscht.

- Zu jeder wichtigen Geschäftsbegegnung gehört der Smalltalk als vertrauensbildende Maßnahme; mögliche Gesprächsthemen sollten deshalb im Vorfeld abgeklärt werden.
- Der gekonnte Smalltalker zeichnet sich nicht durch andauerndes Geplauder, sondern durch Eingehen auf die Interessen des Gegenübers, durch Offenheit, Sensibilität und Ehrlichkeit aus.

Beitrag

Jede Beziehung von zwei Menschen beginnt mit einer kurzen Plauderei, mit dem "kleinen Gespräch" zur Einschätzung des Gegenübers. Dies gilt natürlich nicht nur im Privaten, auch im gesamten Geschäftsleben wird durch den ersten Eindruck die Grundlage für die künftige Geschäftsbeziehung gelegt. Der gekonnte Smalltalk ist heute zur Herstellung einer Vertrauensbasis wichtig und für die berufliche Laufbahn ein wichtiges Erfolgskriterium. (1)

Zum Hochklettern der Karriereleiter wird heutzutage die fachliche Kompetenz fast schon vorausgesetzt. Wie jemand aber Beziehungen pflegt und seine Kommunikationsfähigkeit einsetzt, wird oft zum

Kriterium für den beruflichen Erfolg, vor allem wenn zwei fachlich geeignete Bewerber um die gleiche Position konkurrieren. Das Schaffen und Nutzen von Beziehungsnetzwerken ist für Führungspositionen häufig ebenso wichtig oder gar wichtiger als die entsprechende Fachkompetenz. (2), (4), (5)

Leider hakt es aber gerade bei den jungen "High Potentials" an der Fähigkeit, durch gekonnten Smalltalk und der richtigen Gesprächsführung eine positive Atmosphäre für die Begegnung zu schaffen. Das bevorstehende Geschäftsessen wird zum Angstfaktor, der Aufzug wird gemieden, aus Scheu vor dem einfachen Gespräch. Die angebotenen Kurse zum Thema Smalltalk oder auch Culture Talk erfreuen sich deshalb wachsenden Zulaufs.

Im Gegensatz zu heute wurde zu Zeiten Ludwigs XIV sehr viel Zeit darauf verwendet, sich mit den Gepflogenheiten im Umgang miteinander vertraut zu machen. Gesprächsthemen ergaben sich bereits aus der Tischdekoration, da viele Figuren oder Symbole für ein bestimmtes Thema standen, über das sich unverfänglich plaudern ließ. Blumen galten als Carpe-Diem-Metapher, Figuren griechischer Gottheiten brachten das Gespräch auf die Antike. Heutzutage stehen dagegen oft die Schweißperlen auf der Stirn, bei dem Gedanken, beim nächsten Business Dinner dem Chef gegenüberzusitzen und kein passendes Thema für ein unverfängliches Gespräch bereitzuhaben. (3)

Warum ist Smalltalk wichtig

Jedes erste Aufeinandertreffen von zwei Menschen legt die Basis der folgenden Beziehung, nicht nur im Privaten, sondern auch im Berufsalltag. Ob beim Bewerbungsgespräch, bei der Vertragsverhandlung über ein Neugeschäft oder beim ersten Treffen einer Arbeitsgruppe für eine Projektarbeit; überall lernt man neue Personen kennen und nimmt zu ihnen Kontakt auf. Verläuft dieser erste Kontakt positiv und befinden sich die Beteiligten menschlich auf der gleichen Ebene, so bilden sich Vertrauen und Sympathie. Diese Vertrauensbasis gibt oft den Ausschlag über Erfolg oder Misserfolg einer Begegnung. (1)

Aber auch in anderen Situationen ist es durchaus hilfreich, wenn man die Kunst des Smalltalks beherrscht. Die Fahrt allein im Aufzug mit dem Abteilungsleiter wird oft als Beispiel genannt, aber auch das Dinner mit wichtigen Geschäftspartnern. Die Kaffeepause einer Konferenz oder einer Schulung bietet vielfältige Möglichkeiten, Kontakte zu knüpfen, die sich für die künftige Karriere als hilfreich erweisen können. Schon der Earl of Chesterfield, der Erfinder des Wortes Smalltalk, wusste, dass man mit dem geschickten kleinen Gespräch oft die Situation für sich nutzen kann. (5)

Begegnet man einer Person zum ersten Mal, geht es in dem Gespräch erst in zweiter Linie um den Austausch von Informationen. Vielmehr versucht man herauszufinden, ob das Gegenüber sympathisch ist und ob sich eine emotionelle Vertrauensbasis herstellen lässt. Dieser Fakt wird oftmals unterschätzt und es wird auf das Sachthema übergegangen, noch bevor der Öffnungs- und Vertrauensbildungsprozess abgeschlossen wurde. (6)

Beginnt jedoch ein Gespräch mit einer fremden Person mit einer Übereinstimmung zu einem bestimmten Thema, erhält man Gelegenheit etwas Persönliches zu erfahren, lässt man sich die notwendige Zeit zur Einschätzung, kann man sicher davon ausgehen, dass die weitere Gesprächsatmosphäre erst einmal positiv und einvernehmlich sein wird. Je unbekannter ein Gesprächspartner ist, desto bedeutungsvoller ist dieser Effekt für eine Unterhaltung. (6)

Andere Länder, andere Sitten

Noch schwerwiegender ist die Auswirkung des Smalltalks im Umgang mit ausländischen Geschäftspartnern. Amerikaner sind ohnehin die Weltmeister des Smalltalk und man wird kaum einem amerikanischen Menschen begegnen, der nicht automatisch nach dem momentanen Befinden fragt oder einen wohlmeinenden Kommentar über das Wetter abgibt. In Japan ist es Sitte, vor der Besprechung von geschäftlichen Themen ausführlich über Hobbies und Familien zu berichten. Wer sich nicht daran hält und zu schnell zum geschäftlichen Teil übergeht, hat kaum noch eine Chance auf den Abschluss des Geschäftes. Die Engländer dagegen halten Privates und Berufliches gerne getrennt, über das Wetter lässt sich aber auch mit den kühlen Briten trefflich diskutieren. (7), (8)

Man ist daher gut beraten, wenn man sich vor Konferenzen mit ausländischen Geschäftspartnern über die kulturellen Gepflogenheiten des Gegenübers informiert und entsprechende Regeln einhält. Zu groß ist die Gefahr ins Fettnäpfchen zu treten und ein Scheitern der Verhandlungen zu riskieren. (9)

Der erste Eindruck zählt

Wissenschaftler gehen davon aus, dass der Mensch

nur 4 bis 5 Minuten braucht, um seinen Gesprächspartner in sympathisch oder unsympathisch, in wichtig oder unwichtig einzusortieren. Der erste Eindruck ist also ausschlaggebend dafür, wie man in weiteren Gesprächen und Treffen eingeschätzt wird. Man sollte deshalb offen, vertrauenserweckend und gesprächsbereit auf Unbekannte zugehen, da der erste Eindruck später kaum noch korrigiert werden kann. (6)

Neben dem unverfänglichen Smalltalk zur Begrüßung wird dieser erste Eindruck natürlich auch wesentlich über die äußere Erscheinung, die Mimik und Gestik sowie den Umgang mit der Etikette beeinflusst.

Wie kann man richtig "Smalltalken"

Das erste Ziel eines jeden Smalltalks ist die Herstellung einer positiven Atmosphäre. Ein Lächeln trägt ebenso dazu bei wie ein Gruß und eine kurze Vorstellung. Mimik und Gestik sollen ausdrücken, dass man sich wirklich freut, den Anderen kennen zu lernen. Findet man nun noch ein unverfängliches Thema, das beide interessiert, ist bereits ein großer Schritt getan. Kennt man den Gesprächspartner bereits besser, so wird dieser sicher froh sein, wenn er ein paar Minuten über sein Hobby oder den letzten Urlaub plaudern kann. Als Faustregel gilt, dass der Smalltalk etwa 10 bis 15 Prozent des Gesamtgespräches dauern darf, dann sollte allerdings mit viel Fingerspitzengefühl auf den wirklichen Grund der Besprechung übergeleitet werden. (6)

Für den Erfolg einer geschäftlichen Besprechung ist unverzichtbar, dass sich der Gesprächspartner als Mensch angenommen und gleichwertig fühlt. Um dieses Gefühl zu bewirken, sollte man neugierig auf die Person zugehen, zuhören, interessiert und aufgeschlossen sein, egal über welches Thema gerade gesprochen wird. Monologe sind ebenso zu vermeiden wie das vorgespielte, übertriebene Interesse. (5), (6), (10)

Nur wer natürlich und authentisch mit seiner ganzen Persönlichkeit in das Gespräch geht, weckt Sympathie und schafft die positive Atmosphäre, die für den geschäftlichen Erfolg ausschlaggebend sein kann. (5)

Wer den Smalltalk konsequent als Strategie für den beruflichen Erfolg einsetzen will, sollte vor allem die unvorhergesehenen Möglichkeiten nutzen. Die plötzliche Begegnung mit dem Abteilungsleiter in der Kaffeeküche oder mit dem Personalleiter im Aufzug sind einmalige Gelegenheiten, über eine kleine Plauderei etwas von seiner Persönlichkeit, seinem Charakter, seinen Stärken, Schwächen und Kompetenzen zu vermitteln. Vorsicht ist allerdings angesagt - allzu leicht landet man im Fettnäpfchen, wenn man das falsche Thema wählt oder die falsche Meinung vertritt. (6)

Themen für den Smalltalk

Es gibt kaum ein Thema, über das sich zwei Menschen nicht richtig streiten könnten. Deshalb ist bei der Wahl des Themas vorsichtig vorzugehen. Für völlig Fremde eignet sich immer die Frage nach dem Wohnort und der Anreise als Gesprächseinstieg. Sportergebnisse werden ebenfalls als unverfänglich eingestuft, können sich aber als Irrläufer erweisen, wenn der Gesprächspartner von der entsprechenden Sportart keine Ahnung hat. (10)

Für das Geschäftsessen reichen diese Themen meist nicht aus. Um Perioden des unbehaglichen Schweigens zu vermeiden, sollte man sich ruhig schon vorher überlegen, worüber man sprechen könnte. Hier bieten sich neben Hobby und Urlaub vor allem kulturelle Themen wie Literatur, Kunst, Theater und Musik an. Sicher kann die Sekretärin des

Geschäftspartners über seine Interessen Auskunft geben oder gemeinsame Bekannte können befragt werden. So informiert, fällt es sicher leichter ein Thema zu finden, zu dem beide etwas sagen können und wollen. (6), (8), (10)

Absolut tabu sind Gespräche über Geld, Politik, Religion, Krankheit und Tod, außer sie ergeben sich aus dem brandaktuellen Tagesgeschehen. (10)

Egal über welches Thema man spricht, man sollte immer darauf vorbereitet sein, dass der Gesprächspartner eine gänzlich andere Meinung als die eigene vertritt. Dann bedarf es einer guten Portion Fingerspitzengefühl, um das Streitgespräch zu vermeiden und auf ein weniger verfängliches Thema überzuleiten.

Fallbeispiele

Der Geschäftsführer von American Express in Deutschland gibt unumwunden zu, dass der Smalltalk wichtig ist, um die Vertrauensbasis für eine Geschäftsverbindung herzustellen. Er nutzt dazu ausgiebig das gemeinsame Golfspiel. (11)

Auch das Handwerk hat erkannt, wie wichtig eine positive Atmosphäre für die Arbeit beim Kunden ist. Die Simonis Service Agentur, Augsburg bietet deshalb speziell für Handwerker ein Seminar an, das den ersten Kontakt mit dem Kunden über Smalltalk erleichtern soll. Offensichtlich wirkt die Strategie: Firmen, deren Monteure geschult wurden, vermelden erhöhte Auftragszahlen durch Empfehlungen der Kundschaft.

Manche Berufe sind ohne Smalltalk schlicht undenkbar - der Friseurberuf, zum Beispiel. Das Führen eines Beratungsgespräches sowie das Erlernen verschiedener Kommunikationstechniken gehört deshalb für Friseure zur Ausbildung.

"Komfort und Bequemlichkeit für den Kunden" hat sich das Versandhaus Walbusch auf die Fahnen geschrieben. Da viele Kunden nicht nur bestellen sondern auch reden wollen, werden die Mitarbeiter im Walbusch-Call-Center dahingehend geschult, mit den Kunden auf Wunsch eine freundliche Plauderei abzuhalten. Dadurch wird die Kundenbindung gestärkt. (12)

Kursanbieter

Kurse zum Thema Smalltalk werden von verschiedensten Veranstaltern angeboten. Oft können auch die örtlichen IHK-Geschäftsstellen über entsprechende Kursangebote Auskunft geben. Hier eine kleine Auswahl:

Elisabeth Bonneau, Baden-Baden (www.bonneau.de)
Simonis Service Agentur, Augsburg (www.simonis-serviceagentur.com)
Büro für Berufsstrategie, Frankfurt
Culture Talk Dr. Annette Kessler, Konstanz (www.culture-talk.de)
Christine Gräfin von der Schulenburg/Sibylle Gräfin von Schwerin, Berlin

Weiterführende Literatur

(1) Sympathie auf allen Ebenen - Die Kunst des Smalltalks, Stuttgarter Zeitung, 26.04.2003, S. 5
aus wirtschaft&amp;weiterbildung, Heft 02/2003, S. 56

(2) Souveränität ist das Geheimrezept
aus Lebensmittel Zeitung 16 vom 17.04.2003 Seite 081

(3) Ihle, P., Nebenbei notiert - Der etwas bessere Umgang, Neue Zürcher Zeitung, 21.03.2002, Nr. 67, S. 47
aus Lebensmittel Zeitung 16 vom 17.04.2003 Seite 081

(4) Small Talk ist die Hohe Schule der Etikette
aus Die Welt, Jg. 58, 28.03.2003, Nr. 74, S. 38

(5) Bei gleicher Qualifikation bekommt stets der bessere Small Talker den Job Versierte Plauderer haben's leichter
aus Die Welt, Jg. 58, 26.04.2003, Nr. 97, S. B9

(6) http://www.hochschulanzeiger.de - Berufseinstieg und Karriere - Karriere Service - Small Talk
aus Die Welt, Jg. 58, 26.04.2003, Nr. 97, S. B9

(7) Ein Lob für Vertragsabschlüsse per Handschlag und den Small talk
aus Frankfurter Allgemeine Zeitung, 07.03.2003, Nr. 56, S. 54

(8) http://www.culture-talk.de - Presse
aus Frankfurter Allgemeine Zeitung, 07.03.2003, Nr. 56, S. 54

(9) Englisch und andere Tücken Wer weltweit Geschäfte machen will, muss auch das Schweigen seiner Partner verstehen
aus FTD Financial Times Deutschland vom 23.05.2003, Seite 33

(10) Kupitz, Gunthild, Die Kunst des Süßholzraspeln -

Seminarbewertung, Süddeutsche Zeitung, 03.05.2003, Ausgabe Deutschland, S. V1/19
aus FTD Financial Times Deutschland vom 23.05.2003, Seite 33

(11) "Beziehungen aufbauen" - Interview mit Neal Maglaque, Capital vom 20.03.2003, S. 107
aus FTD Financial Times Deutschland vom 23.05.2003, Seite 33

(12) Erlinger, Matthias, "Wir verkaufen Nutzen und Vorteile" - Walbusch in Solingen setzt auf ältere Kunden und bequeme Bekleidung, TextilWirtschaft 15 vom 10.04.2003, S. 55
aus FTD Financial Times Deutschland vom 23.05.2003, Seite 33

(13) "Wir verkaufen Nutzen und Vorteile"
aus TextilWirtschaft 15 vom 10.04.2003 Seite 055

Impressum

Smalltalk - ein berufliches Erfolgskriterium

Bibliografische Information der deutschen Nationalbibliothek

Die Deutsche Nationalbibliothek verzeichnet diese Publikation in der deutschen Nationalbibliografie; detaillierte bibliografische Daten sind im Internet über http://dnb.d-nb.de abrufbar.

ISBN: 978-3-7379-1160-3

© 2015 GBI-Genios Deutsche Wirtschaftsdatenbank GmbH, Freischützstraße 96, 81927 München, www.genios.de

Alle Rechte vorbehalten. Dieses Werk ist einschließlich aller seiner Teile – z.B. Texte, Tabellen und Grafiken - urheberrechtlich geschützt. Jede Verwertung außerhalb der Grenzen des Urheberrechtsgesetzes bedarf der vorherigen Zustimmung des Verlags. Dies gilt insbesondere auch für auszugsweise Nachdrucke, fotomechanische Vervielfältigungen (Fotokopie/Mikroskopie), Übersetzungen, Auswertungen durch Datenbanken oder ähnliche Einrichtungen und die Einspeicherung und Verarbeitung in elektronischen Systemen.